GOLDMANN

W0270426

Uta Claus/Rolf Kutschera

Haste Töne?

Der unerhörte Opernführer

GOLDMANN VERLAG

Der Goldmann Verlag ist ein Unternehmen
der Verlagsgruppe Bertelsmann

Made in Germany · 5/92 · 1. Auflage
Genehmigte Ausgabe

Umschlaggestaltung:
Design Team München
unter Verwendung einer Illustration
von Rolf Kutschera
Verlagsnummer: 27051
ISBN 3-442-27051-0

INHALT

INFOS ZU »LA TRAVIATA«

Giuseppe Verdi:
geboren 1813 in Parma, gestorben 1901 in Mailand, italienischer Star-Komponist des 19. Jahrhunderts

La Traviata:
Soft-Oper in drei Akten mit fulminanten Orchestervorspielen. Uraufführung 1853 in Venedig, deutsche Erstaufführung 1857 in Hamburg

Personen:

Violetta Valéry

(Sopran)

ein nicht mehr ganz taufrisches Luxus-Callgirl mit gutem Einkommen und schlechtem EKG

Alfred Germont

(Tenor)

Gelegenheitsnachtschwärmer und kniepiger Filialleiter einer Pariser Spar- und Girokasse

Georg Germont
(Bariton)
dessen Vater, Gewohnheitsnachtschwärmer und ebenfalls Bänker, mit Schwäche für Vanillepudding

u. v. a. m.

La Traviata

GIUSEPPE VERDI / ALEXANDRE DUMAS / F. M. PIAVE

Ein nicht mehr ganz taufrisches Luxus-Callgirl mit gutem Einkommen und schlechtem EKG inseriert mittwochs und samstags als »Violetta« in den einschlägigen Pariser Zeitungen. Nach einer bei ihr üblichen Geschäftsorgie mit Beleg fürs Finanzamt kann Alfred, der Filialleiter einer Pariser Spar- und Girokasse, vor Verwirrung seinen Socken nicht mehr finden. Er hat sich in Violetta verliebt und will sie nun dem schändlich-ver-

Violetta
CALL Paris 6969!

gnüglichen Leben mittels Heirat entreißen.

Während Violetta den Socken von der Lampe holt, denkt sie an ihr schlechtes EKG und daran, daß sie sich eh die Namen der Herren zunehmend schlecht merken kann. Also beschließt sie, daß »Neuer Start mit 38« kein schlechtes Programm für sie wäre, packt ihre Herztabletten in den Schminkkoffer und stoppt schnell noch telefonisch das Dauerinserat in der Zeitung, während Alfred im Treppenhaus inzwischen mit beiden Socken bekleidet Liebesarien schmettert.

Man zieht in ein Häuschen im Grünen, das Alfred dank seiner guten Beziehungen zum Immobilienmarkt besorgt hat, und läßt sich's auf Violettas Kosten gutgehen. Als die ihr Konto bei Alfreds Bank schließlich völlig auf Null gebracht hat und eben dabei ist, das letzte Biedermeier-Sofa ihres Pariser Appartements an den Ent-

rümplungsdienst zu verscherbeln, setzt sich Alfred in die S-Bahn nach Paris, um seinem Ex-Callgirl

einen günstigen Kredit zu besorgen.
Kaum ist er weg, steht Alfreds alter Herr, seines Zeichens Bankdirektor, bei Violetta am Küchentresen, löffelt Vanillepudding und verklickert ihr, daß er Mädels wie sie zwar schätzt, aber nicht gerade als Schwiegertochter. Da sie das Landleben zumal mit Alfred und einem seit Tagen defekten Videogerät wahrscheinlich sowieso reichlich öde findet, packt sie mal wieder ihre Herztabletten und den Schminkkoffer, bestellt ein Taxi und bringt sowohl ihr Pariser Appartement als auch sich selber wieder etwas in Schwung.

Bei der nächsten großen Pariser Halbweltfete taucht prompt der frustrierte Alfred auf und schmeißt, damit alle sehen, was er von ihr hält, der anscheinend treulosen Dame für die geleisteten Freuden sein Scheckheft vor die Straß-

pumps. Dies läßt Violetta in die hilfreichen Arme der Umstehenden sinken, was wiederum Papa Bankdirektor, der sich auch mal wieder unter den Gästen tummelt, weder witzig noch standesgemäß findet. Er zieht es unter diesen

widrigen Umständen vor, dem Junior auf dem Herrenklo vom Vanillepudding zu erzählen.
Statt seiner Herzdame einen Herzschrittmacher zu spendieren, verdrischt Alfred aber erst mal deren neuen Herzbuben. Als er dann

endlich mit einem Primeltopf und einer Schachtel Mon-Chéri auf der Intensivstation eintrudelt, ist das Ex-Callgirl nun wirklich fast ex. Nach kurzen, aber heftigen beiderseitigen Gefühls- und Stimmbandwallungen kann er seine Pralinen schließlich allein essen.

INFOS ZU »FIDELIO«

Ludwig van Beethoven:
geboren 1770 in Bonn, gestorben 1827 in Wien, Symphonie-Crack mit einem einzigen opernmäßigen Erguß

Fidelio:
Beethovens Opern-Single in zwei Akten, Uraufführung 1805 in Wien, Erstaufführung der dritten, endgültigen Fassung 1814 in Wien

Personen:

Florestan:

(Tenor)

Knacki ohne Dreck am Stecken, Opfer einer Mauschelei

Leonore/Fidelio

(Sopran)

dessen fidele Gattin, recherchefreudig, von schwarzen Zigaretten und langen Hosen angetan

Don Pizarro

(Bariton)

Knast-Direktor mit Dreck am Stecken und reizendem Beduinendolch in der Jackentasche

Don Fernando
(Bariton)

Mitglied einer staatlichen Untersuchungskommission

Rocco
(Baß)

Oberschließer im Knast und Mädchen fürs Grobe

Marzelline
(Sopran)

dessen Tochter, backt mittelprächtiges Vollwertgebäck und steht auf Gauloise-Duft

u. v. a. m.

Fidelio

LUDWIG VAN BEETHOVEN / JEAN NICOLAS BOUILLY

Weil er sonst dem »Spiegel« Details über Grundstücksschiebereien zwischen dem Knast-Direktor, Mitarbeitern des Staatsministeriums und einem Fabrikanten für Klodeckel gesteckt hätte, ist Florestan seit zwei Jahren in Sevilla-Stammheim eingebunkert. Und zwar in der hintersten Abstellkammer. Seiner Gattin Leonore ist es offensichtlich während dieser Zeit weder beim Ball der einsamen Herzen noch per Inserat gelungen, sich ganz nach der Devise »Neues Spiel neues Glück« einen Nachfolger für Florestan zu beschaffen. Da sie aber noch ziemlich gut erhalten ist und keinen gesteigerten Wert darauf legt, den Rest ihres Lebens im Bridge-Club zu versauern, beschließt sie eine Gefangenenbefreiung. Sie tauscht also ihr Dirndl gegen einen Zweireiher, ihre Wimperntusche gegen eine Stange Gauloises, läßt sich einen Drei-Tage-Bart stehen, kauft einen Paß auf den Namen Fidelio und bewirbt sich in Sevilla-Stammheim um einen Job als Schließer.

Dort angekommen, hat sie denn

auch gleich die Tochter von Rocco, dem Oberschließer, am Hals, die für Fidelios Bartstoppeln und Gauloise-Wolke glatt ihre alte Liebe in den Wind schießt. Mit der Zeit wird das Mädel Fidelio lästig, zumal sie ihm ständig Plätzchen backt und ihn daran hindern will, mit Rocco eine Tour zur Abstellkammer im Hochsicherheitstrakt zu machen. Dort, das hat die emsige Gattin bereits recherchiert, sitzt Florestan ohne Farbfernseher, bei trockenen Chips und Bier.

Die Dringlichkeitsstufe 1 wird schließlich erreicht, als durchsikkert, daß sich eine Untersuchungskommission angesagt hat, der

Knast-Direktor daraufhin wegen Florestan und der leidigen Grundstücksschieberei Bluthochdruck bekommt und das Problem ein für allemal diskret aus der Welt schaffen will. Er beschließt, seinen neuen Beduinendolch, ein herziges Souvenir vom letzten Neckermann-Wüstentrip, am chipsknabbernden Florestan auszuprobieren. Die Leiche soll Rocco dann umweltfreundlich entsorgen.
Mit dem Müllsack über der Schulter und einer Gauloise zwischen den Zähnen trabt Fidelio also kurz drauf hinter den beiden zur Abstellkammer, wo Florestan auf seinem Klappstühlchen hockt und die

Wand mit schmalztriefenden Frühlingsliedern ansingt. Dorthin hat er ein Foto seiner Gattin vom letzten FKK-Urlaub in Jugoslawien gepinnt.
Als der KnastDirektor dem knödelnden Tenor gerade den nachgemachten Beduinendolch zwischen die Rippen schieben will, dies in dröhnendem Baß allseits bekanntmacht und dabei hofft, daß das billige Ding nicht gleich abbricht, schmeißt sich Fidelio ohne Rücksicht auf die Nähte seines Zweireihers dazwischen.
Gleichzeitig ist jedoch aus der Lautsprecheranlage zu erfahren, daß die Untersuchungskommis-

Holleradidudödeldu

sion offenbar einen früheren Inter-City genommen hat und schon im Büro auf den Kaffee wartet.
Dem Blechdolch bleibt also seine Bewährungsprobe erspart, der bluthochdruckgefährdete Knast-Direktor rast zum Aufzug, und Florestan kann nun in Ruhe seine Gattin statt der Wand ansingen.
Derweil geht die Untersuchungskommission im Büro gründlich zur Sache, wühlt in Akten und schmutziger Wäsche, schmeißt einen Blick unter den Teppich und wird fündig. Das Happy-End naht im Jogger-Tempo.
Alle guten Knackis dürfen ihre Zahnbürsten packen, die Pinups

von der Schranktür puhlen und den nächsten Bus nach Hause nehmen. Alle schlechten Knackis haben jetzt mehr Platz und können als neuen Kumpel den Knast-Direktor begrüßen, der bereits in der Kleiderkammer seinen Schlips gegen den Quergestreiften tauscht und hofft, daß keiner den Hustler unter seinem Hemd entdeckt.

Inzwischen sind auch Florestan und seine Gattin wieder zu Atem gekommen. Er klopft ihr lobsingend auf die Schulter, mahnt sie aber, das Rauchen jetzt besser wieder aufzugeben.*

* Das Bundesgesundheitsministerium warnt: Rauchen schadet Ihrer Gesundheit.

INFOS ZU »NABUCCO«

Giuseppe Verdi:
geboren 1813 in Parma, gestorben 1901 in Mailand, Top-Ten-Opernkomponist des 19. Jahrhunderts

Nabucco:
Einer seiner ersten Hits. Oper in vier Akten mit Chören. Uraufführung 1842 in Mailand

Personen:

Nabucco
(Bariton)

Staatschef von Babylon mit besitzergreifenden Ambitionen für Jerusalem und gelegentlichen Black-outs

Fenena
(Mezzosopran)

dessen jüngere Tochter, die schon als Teenager mit dem befreiten Knacki Ismael und einem Polyglott-Reiseführer im Rucksack nach Jerusalem durchgebrannt war

Abigail

(Sopran)

dessen ältere Tochter mit Erstgeburtsneurose und mordsmäßigem Ellenbogeneinsatz

Ismael

(Tenor)

Neffe des Chefs von Jerusalem, nach mehrjährigem babylonischem Knast bedingungsloser Fan von Mövenpick-Eis und Fenena

u. v. a. m.

Nabucco

GIUSEPPE VERDI / TEMISTOCLE SOLERA

In Jerusalem ist es gerade 587 vor Christus und reichlich gefährlich, weil der babylonische Staatschef Nabucco samt seiner humorlosen Tochter Abigail angerückt ist, um die Stadt zu kassieren. Dabei erwischen sie Ismael, den Neffen vom Jerusalemer König, mit Fenena in der Eisdiele. Fenena ist auch eine Tochter Nabuccos, war aber schon vor Jahren mit Ismael nach Jerusalem durchgebrannt, was Abi besonders wurmte, da sie sich seiner-

zeit ebenfalls in Ismael verknallt hatte.

Obwohl Nabucco einen Mordszorn auf die Juden hat, läßt er aber

erst mal halb Jerusalem Ismael und Fenena inklusive im Jumbo nach Babylon ausfliegen. Dann fährt er zur Kur nach Bad Herren-

alb und drückt als Urlaubsvertretung Fenena sein Zepter in die Hand. Das bringt Abi vom Wurmen zum Rasen. Sie steckt der Bild-Zeitung, daß Nabucco im Sauna-Club von Herrenalb das Zeitliche gesegnet hätte, und will sich gerade die Regierungsmütze auf die L'Ore-al-gestärkte Frisur stülpen, als Papi unerwartet im Büro erscheint, sich selber die betreffende Mütze auf die Glatze schiebt und behauptet, von nun an sei er der liebe Gott.
Der Psychiater diagnostiziert Schizophrenie, und Abis L'Ore-al-Pracht kommt doch noch zur goldenen Mütze.

BILD
Bad Herrenalb
NABUCCO
tot
im Sauna-Club!

Während halb Jerusalem in Gestalt der Jumbo-Belegschaft an den Wassern Babylons den wassertreibenden und in jedem Wunschkonzert geforderten »Ge-

fangenenchor von Acapulco« mimt und schluchzt, hat sich Abi schon wieder eine neue Gemeinheit ausgedacht: Nicht nur dem Chor soll der Garaus gemacht wer-

den, sondern auch der lästigen Konkurrenz Fenena. Doch als es gerade zum tödlichen Vollzug im örtlichen Schlachthof kommen soll, beginnen Nabuccos neue Medikamente zu wirken. Er ist wieder topfit, joggt zum Schlachthof, schnappt sich die goldene Mütze von Abi zurück, die daraufhin schnurstracks tot umfällt, und setzt den Gefangenenchor weil er ihn einfach nicht länger ertragen kann wieder in den Jumbo nach Jerusalem, während Ismael und Fenena zur nächsten Landesbausparkasse eilen, um dort ihre gemeinsame Zukunft zu planen.

INFOS ZU »DIE ZAUBERFLÖTE«

Wolfgang Amadeus Mozart:
(siehe »Don Giovanni«)

Die Zauberflöte:
Startschuß zur deutschen Oper und Beginn des Countdowns fürs Ende des meisterlichen Erdenlebens. Oper in zwei Akten, Uraufführung 1791 in Wien.

Personen:

Sarastro
(Baß)

unergründlicher Lieber-Gott-Verschnitt

Königin der Nacht
(Sopran)

schrille Mutter mit linkem, herrischem Gehabe

Tamino
(Sopran)

Yuppie mit Orientierungs- und Sehschwäche, Absolvent eines Surviving-Kursus' bei Rüdiger Nehberg

Pamina
(Sopran)

Tochter der schrillen Mutter, Marke »Miss Salzburg«

Drei Damen
(2 Sopran, 1 Alt, 1 Pils)

undurchsichtige Assistentinnen der finsteren Königin-Mutter, mit Leukoplast in den Handtaschen

Papageno
(Bariton)

Ornithologe ohne feste Anstellung, liebt Wein, Weib und Gesang

Monostotos
(Tenor)

vielseitig verwendbarer Fiesling

Die Zauberflöte

WOLFGANG AMADEUS MOZART / JOHANN JOSEPH SCHIKANEDER

In einem Naturschutzgebiet irgendwo zwischen dem Amtssitz der Königin der Nacht und Herrn Sarastros sonniger Villa ist Diplomatenjagd. Eitel wie er nun mal ist, hatte Yuppie Tamino seine Brille zu Hause gelassen und sich prompt in einer nadelnden Fichtenschonung verlaufen. Was schicksalsschwere Folgen für ihn haben wird.

Doch zunächst ist er noch ganz guter Dinge, pfeift sich eins und sucht nach seiner Lupe. Zum Glück hatte er im letzten Urlaub einen Surviving-Kursus bei Rüdiger Nehberg gebucht, weiß also, wie man ein Feuer zum Erhitzen seiner 5-Minuten-Terrine zündelt. Wie er nun so mit dioptrienschwachem Auge durchs Brennglas linst, robbt sich von hinten eine Boa constrictor an ihn ran. Er dreht sich in affenartiger Geschwindigkeit um, stößt einen spitzen Schrei aus und kippt zumal er ja noch nichts im Magen hat aus den Fallschirmspringerstiefeln.

Kaum liegt der Junge flach, pirschen sich drei ausgefreakte Assistentinnen der Königin der Nacht mit Schweizer Armeemessern aus dem Gebüsch, machen die Boa kurz zu Tatar und sich selber gleich wieder aus dem Staub.

Als Tamino sich eben wieder hochrappelt, kommt ihm ein singender Ornithologe entgegengetrabt, der fröhlich auf Vogelstimmenjagd ist und frech behauptet, er hätte die Boa zerhackt. Daraufhin brechen die drei Mädels wieder aus dem Gebüsch und kleben dem Ornithologen zur Strafe ein Super-Leukoplast übers Lügenmaul, derweil Tamino immer noch mit dem Öffnen der 5-Minuten-

Terrine beschäftigt ist. Das war im Surviving-Kursus nämlich nicht vorgekommen.
Das Dosenproblem kümmert die ausgefreakten Assistentinnen jedoch herzlich wenig. Statt dessen halten sie dem hungrigen Yuppie das Paßbild von einer »Miss Salzburg« vors linsentrübe Auge, was seine Wirkung nicht verfehlt.
»Die oder keine!« schmettert Tamino gerade und jeder weiß, so schnell wird das wohl nichts mit den beiden, da kommt auch schon Muttern angerauscht: die Königin der Nacht. Selbige müht sich jetzt nicht nur mit hochnotpeinlicher Koloratur, sondern auch mit der

Erklärung, daß »Miss Salzburg« erstens kürzlich gekidnappt worden und zweitens gefälligst von Tamino zu retten sei.
Mittels des vom Leukoplast befreiten Ornithologen und diverser Musikinstrumente, unter denen sich auch eine Flöte befindet, begibt sich Tamino an die Recherche nach der Miss. Diese hat währenddessen versucht, sich aus Sarastros Villa zu verdrücken.
Aber der Fiesling Monostatos schnappt sie sich und will sich gerade über sie hermachen, als glücklicherweise der singende Ornithologe einläuft.
Endlich wird Pamina über ihren

Paßfoto-Fan Tamino ins Bild gesetzt und singt ein bißchen mit dem Ornithologen, weil sie so glücklich ist, daß ihr nicht nur Fieslinge an die Wäsche wollen. Doch der verliebte Held will erst gefunden sein. Nach vielem Hinundhergerenne fast sämtlicher beteiligter Personen, nach heftigem Singen und mehrfachem Erproben der mitgeführten Musikinstrumente sinken sich die beiden Jung-Stars in Sarastros Wohnzimmer erstmals in die sonnenbankgebräunten Arme. Aber weder Herr Schikaneder, der Autor dieses tiefgründigen Werks, noch Herr Sarastro sind offensichtlich der An-

sicht, daß die Geschichte hier ein Ende haben darf. Also beschließt Sarastro, noch einen Persönlichkeitstest einzuschieben.

Während es dem Ornithologen und Tamino an die Psyche geht, macht sich der Fiesling mal wieder an »Miss Salzburg« ran, die gerade in einem Liegestuhl etwas verschnauft.
Just in dem Moment kommt aber auch Muttern wieder aus der Versenkung. Diesmal mit einem Küchenmesser zwischen den gelackten Fingernägeln und der Aufforderung ans Töchterlein, mit selbigem Gerät Herrn Sarastro ins Jenseits zu befördern. Nach kurzem, aber heftigem Handgemenge, bei dem der Fiesling diesmal die Miss per Messer zu entleiben trachtet, tritt Herr Sarastro höchst-

persönlich aus dem Bühnenbild und singt, daß unfeines Benehmen und Aggressionen aller Art in seinen heiligen Hallen unerwünscht seien: »Rache raus!« Womit endgültig geklärt ist, daß Sarastro bei den Guten einzuordnen ist, Muttern und Konsorten dagegen bei den Schlechten.

Inzwischen scheint die Psycho-Testreihe mit Tamino und dem Ornithologen abgeschlossen zu sein. Letzterer hat sich als wein- und weibsüchtig herausgestellt und bekommt zur Belohnung das Objekt seiner Begierde geschenkt. Tamino dagegen hat sich als Charakter-Tarzan erwiesen, was

»Miss Salzburg« schließlich in dessen behaarten Heldenarm treibt, um an selbigem krampfhaft lächelnd in eine strahlende Zukunft zu schreiten.
Muttern dagegen bekommt eine fulminante Abfuhr in die ewigen Jagdgründe für Sopran-Zombies verpaßt.

INFOS ZU »TOSCA«

Giacomo Puccini:

geboren 1858 in Lucca, bella Italia, gestorben 1924 in Brüssel, hat die italienische Oper in die Welt-Hitliste gehievt

Tosca:

Musikdrama in drei herzergreifenden Akten, zählt ebenfalls zu den TopTwenty der Operngeschichte. Uraufführung 1900 in Rom, die deutsche Erstaufführung 1902 in Dresden

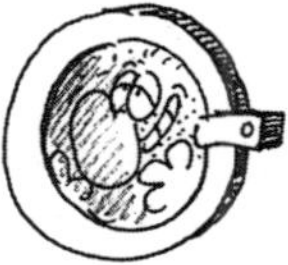

Personen:

Mario Cavaradossi

(Tenor)

römischer Meister des öligen Pinsels mit gemütlicher Waschküche und ungemütlichen politischen Ambitionen

Floria Tosca
(Sopran)

Schlagersternchen mit Schwäche für Tenöre und Korkenzieher

Scarpia
(Bariton)

schlachtreifer römischer Oberbulle mit verhängnisvollem Sexualtrieb

Cesare Angelotti
(Baß)

politischer Knacki auf autonomem Freigang

u. v. a. m.

Tosca

GIACOMO PUCCINI / VICTORIEN SARDOU u. a.

Ein römischer Maler versteckt einen geflohenen politischen Häftling in seiner heimischen Waschküche. Während seine Freundin Tosca nur große Eifersuchtstiraden runterzusingen vermag, sie hat auf den Ölschinken des Malers diverse andere, ihr bekannte Mädels entdeckt, ist er voll damit beschäftigt, den äußerst unangenehmen Polizeichef abzuwimmeln. Was nicht gelingt. Schließlich kommt der Meister des öligen Pinsels

samt seiner Palette in U-Haft, wird verhört, gibt zwar mehrfach seinen farbenfrohen Tenor zum besten, wird jedoch, was seinen Waschküchen-Untermieter betrifft, nicht zum Singen gebracht.

Tosca dagegen, die im Nachbarbüro mitgehört hat und entsetzt ist, daß der Maler seinen Tenor so stimmzerstörend zu schlichten Schmerzensschreien benutzt, verrät den Baß in der Waschküche, um den Tenor zu retten. Was beiden herzlich wenig nutzt. Denn nachdem der Maler auch noch eine unpassende politische Äußerung ins Polizeibüro schmettert, ist weder er noch sein farbenprächtiger Tenor zu retten. Während er sich mal wieder seine Palette unter den Arm klemmt und in die hübsch gelegene Todeszelle in der Engelsburg marschiert, robbt sich der unangenehme Polizeichef an Tosca ran, die tatsächlich glaubt, daß der aufdringliche Fettwanst nur mit Platzpatronen auf ihren Maler schießen läßt, wenn sie sich ein bißchen befingern ließe. Weil ihr dieser Bullenhandel aber wohl doch etwas römisch vorkommt, läßt sie sich vorsichtshalber einen Passierschein ausstellen, damit sie nach dem Platzpatronen-Feuerwerk mit ihrem Maler schnell zum Flughafen kommt. Kaum hat sie den Wisch in der Hand, schraubt sie dem gierig sabbelnden Widerling den Korkenzieher bis zum Anschlag in den Schwabbelbauch und rast zur Engelsburg, um ihrem Maler Order für korrektes Verhalten nach der Scheinexekution zu geben: kein Zappeln, kein heftiges Atmen, keine Kommentare und kein Winken in die Kamera!

Nach dem entscheidenden Bum-Bum der staatlichen Pistoleros bleibt der Maler liegen und der einst farbige Tenor stumm. Schließlich dämmert es Tosca, daß der Maler nicht etwa den Scheintoten markiert, weil der Genius heute mal wieder seinen faulen Tag hat oder als Modell fürs nächste Stilleben übt, sondern weil die Kunstwelt nun im Who-is-who ein Kreuz hinter seinen Namen drukken kann.

Offenbar zu der klugen Einsicht

gekommen, daß sie doofer ist, als die Polizei erlaubt, schwingt Tosca sich über die Brüstung der Aussichtsterrasse, winkt ihren Fans im Publikum noch kurz, aber herzlich zu und stürzt sich dann in die Tiefe. Eventuell überschätzt man sie aber auch grenzenlos, und sie hüpft nur deshalb übers Mäuerchen, weil sie denkt, unten auf dem Tiber käme vielleicht Lohengrin mit seinem Schwan vorbeigepaddelt. Der soll ja schließlich auch einen ganz entzückenden Tenor haben.

INFOS ZU »DON GIOVANNI«

Wolfgang Amadeus Mozart:
geboren 1756 in Salzburg, gestorben 1791 in Wien, Superstar der Musikgeschichte, Dauerrenner auf sämtlichen Bühnen, Stimmbändern und Instrumenten

Don Giovanni:
Heiteres Drama, wie's das Playboy-Leben schrieb, in zwei Akten. Uraufführung 1787 in Prag

Personen:

Don Giovanni
(Bariton)

Einer der meistbeschäftigten Aufreißer aller Zeiten, mit Vorliebe für penetrant riechendes Rasierwasser und Mozzarella

Leporello
(Baß)

dessen Fahrer, Tröster der verflossenen Damen und Zahler der obligatorischen Raser-Knöllchen

Anna
(Sopran)

Tochter des im Eifer des Liebesgefechts entseelten Kurdirektors,

Besitzerin eines reizvollen Wasserbettes und eines unaufmerksamen Freundes

Ottavio
(Tenor)

eben dieser Freund, Feind penetrant riechender Rasierwässer

Donna Elvira
Sopran)

bereits im Vorjahr abgehakte Dame auf Giovannis Liste

Zerlina
(Sopran)

knackige Kellnerin, die bei ihrer Hochzeit gleich zwei Verehrer am Hals hat

Don Giovanni

WOLFGANG AMADEUS MOZART / RENZO DA PONTE

Giovanni ist der meistbeschäftigte Aufreißer aller Zeiten. Um sich vom strapaziösen Madrider Nachtleben zu erholen, verbringt er jeden Sommer gemeinsam mit seinem Fahrer Leporello zwei Monate in Alicante. Gleich zu Beginn seines diesjährigen Gastspiels an der Costa hatte er leider nicht umhingekonnt, den Kurdirektor niederzustrecken, über dessen Tochter Anna er sich nächtens auf deren Wasserbett hergemacht hatte. Die-

se hatte in der Dunkelheit offenbar am penetranten Rasierwasser gemerkt, daß nicht Freund Ottavio, sondern ein gutes, wenn auch unerkanntes Double über ihr keuchte, und laut um Hilfe singend das

Wasserbett vorzeitig verließ. Ihr durchdringender Sopran hatte ihren Vater vom Fernseher hoch- und in Giovannis tödliche Faust getrieben.
Am nächsten Tag nun versucht Giovanni auf der Strandpromenade gleich wieder bei einem Mädel zu landen, hat dabei allerdings Pech, weil selbige Elvira ihn noch schlechtestens von der letzten Saison in Erinnerung hat. Was Giovanni nicht weiter bekümmert, zumal er zufällig an einer Strandkneipe vorbeikommt, in der gerade das Hotelpersonal bei Wiener Würstchen und Kartoffelsalat eine Hochzeit feiert. Die knackige

Braut Zerlina ist natürlich die nächste auf Giovannis Liste, weswegen er der munteren Gesellschaft eine viel üppigere Hochzeitsparty in seinem Ferienbungalow verspricht, dann alle schon mal mit dem Sammeltaxi vorausschickt und schließlich ungestört um Zerlinas Hand ansingt, dabei aber sicherlich etwas anderes meint. Just in diesem Augenblick platzt Elvira dazwischen, warnt die knackige Zerlina und schleppt sie auf einen Kiwibecher in den nächsten italienischen Eissalon. Kurz darauf rennt Giovanni auch noch Anna und ihrem Ottavio in die geölten Arme. Obwohl Anna

die Nase voller Sand und Sonnencreme hat, erkennt sie das nächtliche, unbekannte Double am penetranten Rasierwasser. Nun wird's für Giovanni eng, sollte man meinen, doch der nimmt das alles ganz locker.

In seinem Ferienbungalow ist inzwischen High-Life: Statt Würstchen mit Kartoffelsalat gibt es Hummer und Grünkernbratlinge. Als sich gerade alle im Disco-Fieber auf der Tanzfläche verlustieren, versucht Giovanni sich im Badezimmer die knackige Braut zu schnappen, was sie aber mittels ausgebildeten Soprans zu verhindern weiß. Als die Party-Gäste schließlich die Tür aufstemmen, behauptet Giovanni, sein Fahrer Leporello hätte Zerlina an die Wäsche gewollt, sei nun aber durchs Klofenster entschwunden. Keiner

glaubt ihm auch nur eine einzige Liedzeile, zumal Elvira, Anna und Ottavio jetzt ihre Sonnenbrillen von den Nasen nehmen und aus dem Nähkästchen plaudern. Da entfleucht denn Giovanni höchstpersönlich durchs Klofenster.
Aber weder Giovanni noch die

Oper ist am Ende. Beide müssen erst noch diverse Attacken auf diverse Damenwäsche hinter sich bringen, bis Giovanni sich schließlich mal einen netten Abend zu Hause macht, alleine. Als er sich gerade über die Dr. Oetker-Pizza »Surpreza« hermachen will, steht plötzlich Annas toter Papi auf der Matte, will aber nicht von der Pizza probieren, sondern Giovannis »Sorry« hören. Als der daraufhin nur müde aus den Mozzarellafäden grinst, fährt der Geräuschemacher seinen Donner ab, und auch die Feuerwerker geben ihr Bestes, damit allen klar ist, daß Giovanni von nun an den heißen

Höschen in der Hölle nachlaufen muß, die Zuschauer aber, zufrieden mit der Gerechtigkeit der Welt, nach Hause gehen können.

INFOS ZU »LULU«

Alban Berg:

geboren 1885, gestorben 1935 in Wien, hat bei Arnold Schönberg die atonale Schulbank gedrückt. Die »Lulu«, die unvollendet ausgegraben wurde, ist neben dem »Wozzeck« sein zweiter opernmäßiger Erguß

Lulu:

Tragische Sexual-Oper in viel mehr als drei intimen Akten. Uraufführung des Skeletts 1937 in Zürich, diejenige der aufgepäppelten Lulu 1979 in Paris

Personen:

Lulu
(Sopran)

gelenkige Dame mit enormem Herrenverschleiß

Medizinalrat
(Sprechrolle)

Lulus erster Ehemann, der nach einem eindrucksvollen Kurzauftritt heftigst in den Perser beißt

Maler
(Tenor)

Lulus zweiter Ehemann, der nach einer längeren Schaffens- und Liebesperiode ebenfalls in oben erwähnten Perser beißt

Dr. Schön
Bariton)

Lulus dritter Ehemann und Chefredakteur, dem zwar der Perser, nicht aber das Schicksal seiner Vorgänger erspart bleibt

u. v. a. m.

Lulu

ALBAN BERG / FRANK WEDEKIND / ALBAN BERG

Lulu hat einen ebenso großen Männerbedarf wie -verschleiß. Beim Modellstehen krallt sie sich den Maler und zerrt ihn unter die Staffelei, wobei, gerade als man zur Sache kommen will, der Ehemann die Szene unerwartet, wenn auch musikalisch eindrucksvoll, betritt. Praktischerweise sinkt er, ohne auch nur ein Tönchen gesungen zu haben, tot auf den Perser, was Lulu zu einer reizenden Canzonetta hinreißt.

Die farbenfrohe Betätigung mit dem Maler unter dessen Staffelei wird kurz nach diesem anregenden Zwischenfall zur legalisierten da ehelichen Dauerbeschäftigung für Lulu. Natürlich nicht zur einzigen dieser Art. Schließlich möchten auch diverse andere Herren wie etwa ein asthmatischer Unterweltler, der sogar das Orchester zum Röcheln bringt beglückt werden. Als dies der Maler erfährt, will er nicht länger malen, stößt sich seinen längsten Malspachtel ins Herz und sinkt waidwund auf den diesbezüglich schon erprobten Perser.

Als nächster Ehemann kommt ein

Journalist dran, der besser beraten gewesen wäre, wenn er eine Story über die Dame geschrieben hätte, statt sie zu ehelichen.
Denn während er mit den Gepflogenheiten der bürgerlichen Presse kämpft, vergnügt sie sich königlich mit des Journalisten Sohn, einer Gräfin, pubertierenden Knaben, Sportlern, ihrem Masseur und allem, was sich sonst noch verwenden läßt. Als schließlich das Konkurrenzblatt groß mit Lulus Story rauskommt, drückt sie die Pistole aber nicht etwa wie vom Journalisten aufgefordert in ihrem, sondern in seinem Dekollete ab, mit wieder tödlichem Erfolg.

Wen Lulu während ihrer Zeit in der Strafvollzugsanstalt alles beglükken kann, und wie viele Tote es dabei gibt, ist nicht bekannt. Bekannt ist hingegen, daß sie mit Hilfe der Gräfin den Knast gegen die Freiheit tauscht, um sich später in einer Londoner Absteige für ihre Lieblingsbeschäftigung bezahlen zu lassen. Ob sie dafür Prozente von einem Bestattungsunternehmen bekommen hat, ist wiederum unbekannt.

Jedenfalls gerät sie schließlich einem allseits bekannten Jack unters Messer, was Meister Berg offenbar so shocking fand, daß auch er hinschied, ohne die Partitur ordnungsgemäß zu Ende geführt zu haben.

INFOS ZU »LA BOHÈME«

Giacomo Puccini:
(siehe »Tosca«)

La Bohème:
Ein Super-Hit der Opern-Top-Twenty in vier Bildern, Uraufführung 1896 in Turin, deutsche Erstaufführung 1897 in Berlin

Personen:

Rudolf
(Tenor)

Dichter mit Anfälligkeit für Migräne und halblebige Fräuleins, jedoch ohne Sparkonto

Schaunard
(Bariton)

Musiker ohne Instrument und Engagement

Marcel
(Bariton)

Maler mit Talent, aber ohne Kundschaft

Collin
(Baß)

Philosoph ohne Lehrauftrag, aber mit leerer Kasse

Mimi
(Sopran)

halblebiges Fräulein mit schlechter Durchblutung und leeren Batterien

Musette
(Sopran)

vollebiges Fräulein, dem die Mumien über sind

u. v. a. m.

La Bohème

GIACOMO PUCCINI / HENRI MURGER

Während sich der anständige Bürger brav im weihnachtlichen Konsumrausch tummelt, lümmeln sich drei ungepflegte, langhaarige Gestalten in einem schlecht geheizten und nicht minder schlecht möblierten Pariser Appartement, das zudem durchaus eine Kur durch Meister Proper vertragen könnte. Alle drei versuchen sich mit zwielichtigen Jobs über Wasser zu halten. Der eine malt wahrscheinlich eher Schweinereien als Waldwiesen, der andere reimt wahrscheinlich eher Pornographie als Werbesprüche, und der dritte denkt wahrscheinlich immer nur an das eine statt an Arbeit. In diesem Augenblick stürmt eine vierte, vermummte Gestalt die Einfachst-Unterkunft, ein Musiker – wahrscheinlich eher von Rock- als von Volksmusik, der seinen dubiosen Freunden ein Bier ausgeben will. Der Reimer hat aber Migräne, bleibt also allein zu Hause und macht sich's auf dem Sperrmüllsofa gemütlich, als plötzlich eine halblebige Nachbarin namens Mimi keuchend in der Türe steht, um sich ein Paar Batterien zu pum-

pen. Bei der Suche nach selbigen Batterien kommt man sich unterm Sofa singend näher, wobei sich der Reimer selbst durch die kalten Froschhände und die heißen Hustenanfälle der Dame nicht abschrecken läßt. Nach einer Weile ist den beiden denn auch kein bißchen mehr kalt. Doch wenn selbst dem Publikum gerade heiß werden

will, melden sich die drei WG-Kollegen durch die Gegensprechanlage der Haustür und schleppen das rührselig singende bzw. hustende Pärchen in die gemeinsame Stammkneipe ab.

Dort amüsiert man sich ausgiebigst, statt an die Miete zu denken, und verpraßt gerade zu vorgerückter Stunde die letzte Überweisung vom Sozialamt, als eine zweite Dame auftaucht: Musette. Für die Rechnungen hat diese eher volllebige als halblebige Dame einen alten Trottel dabei. Sie setzt den Opa auf der Eckbank ab und geht nun in aller Ruhe daran, mit sämtlichen weiblichen Tricks und unter Einsatz eines Walzerliedes dem Maler, ihrem Exfreund, wieder auf die Sprünge zu helfen. Was gelingt. Allerdings mit dem absehbaren Ergebnis, daß sie nun die Leinwand mit dem arbeitslosen Maler statt mit dem reichen Opa teilen muß. Kurz darauf kriegt Mimi von ihrem Reimer den Laufpaß, weil der kein Sparkonto besitzt und ihr weder eine Clubgarnitur noch eine Waschmaschine bieten kann. Zum Glück gelingt es ihr jedoch bei einer Portion Schaschlik mit Ketchup, ihn davon zu überzeugen, daß ihr als liebend und hustend Weib solcher Tand völlig schnuppe ist. Woraufhin man sich ketchupverschmiert um den Hals fällt.

Doch das tränentriefende Glück dauert nur bis zum Beginn des vierten Bildes. Während man in der WG fröhlich Hering in Tomatensoße aus der Dose löffelt, kommt Mimi auf dem letzten Loch pfeifend reingewankt und verdirbt so die ganze Stimmung. Sie wird aufs Sperrmüllsofa gepackt, der Maler geht den Malteser-Hilfsdienst anrufen, der Denker versucht am Bahnhof seinen Kassettenrecorder gegen Dollars für den Arzt an den Mann zu bringen, und Musette besorgt für Mimis Froschhände ein elektrisches Heizkissen. Was man sich durchaus hätte schenken können. Denn unter anhaltendem Röcheln von seiten Mimis, heftigen Sangesübungen von seiten des Reimers, herzerweichenden Tönen von seiten des Orchesters und heftigen Schneuzens von seiten des Publikums entweicht Mimis halblebige Seele schließlich vom Sperrmüllsofa gen Pariser Himmel.

INFOS ZU »LOHENGRIN«

Lohengrin:
Läuft offiziell als »romantische Oper« in drei Akten, stammt eindeutig aus der nebulösen History-Fiction-Kiste. Uraufführung 1850 in Weimar

Personen:

Elsa von Brabant

(Sopran)

undurchsichtiger Restposten des verblichenen Herzogs von Brabant, gegen die diverse Strafanzeigen laufen

Lohengrin

(Tenor)

nicht minder undurchsichtiger Wassersportler mit ehrenkäsiger Persönlichkeitsstruktur

u. v. a. m.

Lohengrin

RICHARD WAGNER / u. a.
RICHARD WAGNER

Elsa sitzt völlig depressiv an der Schelde. Erstens soll sie ihren Bruder ermordet haben, um statt seiner eine ihrer Bettgeschichten zum Ministerpräsidenten von Brabant zu machen. Und zweitens ist offensichtlich so schlechtes Wetter, daß man nur noch singen kann (»Einsam in trüben Tagen«).
Da kommt ein durchgefrorener Surfer vorbei, der sich Elsa als hieb- und stichfestes Alibi zur Verfügung stellt, aber scheinbar unter

Pseudonym reist. »Mein lieber Schwan, du kommst ja wie gerufen!« (»Nun sei bedankt, du lieber Schwan«) sagt Elsa da, verknallt sich ruckzuck in den Surfer und heiratet ihn.

Allerdings will er schriftlich von ihr, daß sie nie wissen will, in welchen Kneipen er sich rumtreibt und welche Partei er wählt (»Nie sollst du mich befragen«). Außerdem besteht er darauf, daß sie nicht fragt, was hinter seinem Pseudonym steckt. Elsa ist das alles erst mal ziemlich schnuppe.

Sie läßt die Anzeigen drucken und wählt den Hochzeitsmarsch. Nach langem Zögern entscheidet sie sich für »Treulich geführt ziehet dahin«, weil da die Tränen bekanntlich am eindrucksvollsten fließen. In der Hochzeitsnacht will Elsa dann aber doch wissen, wer neben ihr Krimi liest, woraufhin der Surfer stinksauer wird. Gleich am nächsten Morgen zieht er sein Alibi zurück, schnappt sich sein eingemottetes Surfboard und entschwindet auf der Schelde, gerade als ein anderer Surfer um die Ecke gebogen kommt.

Das ist denn alles entschieden zuviel für Elsa. »Haste Töne?!« kann sie noch hauchen, dann sinkt sie mit Herzversagen in die feuchten Arme des neuen Surfers.

1

2

③
CRASH!

INFOS ZU »CARMEN«

Georges Bizet:
geboren 1838 in Paris, gestorben 1875 in Bougival, mit neun Jahren Senkrechtstarter am Pariser Conservatoire, später eher im Niedrigflug über den Musikfreunden kreisend

Carmen:
Oper in vier Akten, die das Pariser Uraufführungspublikum 1875 nicht gerade von den Hockern reißen konnte, später jedoch die befrackte Opernwelt vor Wonne aus den Plüschsesseln trieb

Personen:

Carmen
(Mezzosopran)

heißer spanischer Ofen mit ungesunden Eßgewohnheiten und Abscheu vor Quelle-Kleidern und Alltagstrott

José
(Tenor)

verknallter Soldat mit einem Fettfleck auf dem Hemd und dem Kopf in der Hose

Zunigo
(Baß)

Josés Boß, alerter Militär, der Carmen nicht aus dem Feldstecher läßt

Escomillo
(Bariton)

spendierfreudiger Pokal- und Schürzenjäger, dem Carmen noch in seiner Sammlung fehlt

u. v. a. m.

Carmen

GEORGES BIZET / PROSPER MÉRIMÉE u. a.

Carmen arbeitet bei Marlboro am Band. In ihrer knappen Freizeit wickelt sie mit Vorliebe Männer um alle zehn Finger, vor allem natürlich solche, die erst mal gar nicht wollen. Einer, der erst mal überhaupt nicht, dann aber ganz schrecklich will, ist der Soldat José, dem Carmen in der Mittagspause an der Pommes-Bude nicht nur heiße Blicke, sondern auch eine heiße Fritte ins Gesicht schmeißt. Kurz darauf wird José zu Marlboro beordert, weil Carmen mal wieder eine tätliche Diskussion über die Schwächen von Real Madrid vom Leder gezogen und in deren Verlauf ihrer Band-Kollegin das neue Quelle-Kleid bis aufs Dessous aufgeschlitzt hat. Auf der Fahrt in den Knast läßt der Soldat mit den Pommes Spuren auf der Backe die hitzige Dame an einer roten Ampel aus dem Jeep hüpfen, allerdings erst nachdem sie ihm ein ziemlich heißes Stündchen für die Nacht versprochen hat.

Erst mal wird diese Nacht jedoch in einer absoluten In-Kneipe heiß, in der nicht nur kräftig gedealt

Clip!
Clap!

wird, sondern sich auch bei Toast mit Kaviar alles trifft, was gesehen werden will. Vom spendierfreudigen Tennis-Crack (Crack-Lied »Euern Toast kann ich wohl erwidern«) bis zum alerten Verteidigungsminister. Carmen hat mal wieder jede Menge Chancen, bleibt aber sauber, weil sie ja mit José ihr Date hat. Als der endlich lange nach der Sperrstunde in die leere Kneipe kommt, legt ihm Carmen eine Flamenco-Performance aufs kippenübersäte Parkett, wie sie's im gleichnamigen Film von Saura abgeguckt und stundenlang vorm Spiegel geübt hatte.

Darum wird sie auch stinkesauer,

daß der Knabe pünktlich zum Wecken wieder in seiner Kaserne sein will, und regt sich erst wieder ab, als José sein Hemd aufreißt und ihr seine haarlose Brust mit der als Souvenir plattgedrückten Fritte drauf präsentiert. In diesem Augenblick stürzt der alerte Verteidigungsminister erst in die Kneipe

und dann auf Carmen, wird aber kurzerhand von José zerlegt, was Folgen für dessen Karriere haben könnte. Also zerpflückt er gleich auch noch seinen Wehrpaß, läßt sich von den Kneipen-Dealern anheuern und von Carmen auf die Matratze werfen.
Doch das wilde Glück dauert nur so lange, bis sich der Tennis-Crack an Carmen ransingt und selbige vom buhlenden Bariton so hin und weg ist, daß José samt seiner haarlosen Fritten-Brust ausgedient hat. Beim gutbesuchten Tennisturnier kommt's schließlich zum Finale. Carmen gibt auf der Tribüne José die Wohnungsschlüssel zurück

und will eben ans Netz und zur Konkurrenz überlaufen, als José sie waidgerecht, aber nicht sehr sportlich vom ersten Rang aus niederstreckt. Allerdings mag er sich offenbar nicht so recht am perfekten Treffer freuen, hockt sich vielmehr neben die dekorative Leiche und dreht sich bis zum Eintreffen der Herrn von der Kripo erst mal eine Fluppe.

INFOS ZU »DER FREISCHÜTZ«

Carl Maria von Weber:
geboren 1786 in Eutin, gestorben 1826 in London, multimusikalischer Produzent mit saftigen Opernqualitäten

Der Freischütz:
Opern-Highlight der musikalischen Frühromantik in drei Akten, Uraufführung 1821 in Berlin

Personen:

Max

(Tenor)

nicht schußfester Anwärter für den deutschen Beamtenwald, liebt seine Oma so heiß wie selbige ihren Wellensittich

Kaspar

(Baß)

dessen Kumpel, mit verhängnisvollen Connections zur Waffenschmiede der Mafia

Agathe
(Sopran)
G'schpusi von Max und Tochter des Oberförsters, steht auf Roy Black und intakten Pumps

u. v. a. m.

Der Freischütz

CARL MARIA VON WEBER / JOHANN FRIEDRICH KIND

Obwohl die Akustik zwischen Bäumen und Gesträuch bekanntlich nicht die beste ist und die beim Singen und Musizieren entstehenden Geräusche oft nicht nur das zuhörende Publikum, sondern auch das jagdbare Wild vertreiben, spielt diese Oper dort, wo des Deutschen Herz aufgeht – im deutschen Wald. Max – strebsamer Anwärter auf ein Amt im grünen Staatsdienst – hat seinen Jagdschein offensichtlich bei einem

1
RÖÖ
2

3

4

Preisausschreiben gewonnen. Jedenfalls trifft er nicht mal bei einer Kuh aus einem Meter Entfernung ins kleine Schwarze. Da er zudem weder einen Suzuki-Fun-Jeep noch gute Beziehungen zum Ministerium für Jagden und Forsten vorweisen kann, sind seine Chancen beim Vater seiner Flamme Agathe auf die vakante Stelle als leitender Aktenabstauber der unteren Forstbehörde gleich Null. Kollege Kaspar, der zwei Schreibtische weiter sitzt und bei den Waldgängen stets zwei Schritte vor Max durchs Niederholz prescht, hegt jedoch beste Connections zur Mafia, die bekanntlich

immer ein Herz für neue Mitglieder hat.
In einem finsteren Loch bekommt Max die neueste Waffenentwicklung überreicht, samt sieben Schuß gratis, die er allerdings mit

Kaspar teilen muß. Mit dem ersten Probeschuß holt Max den entflogenen Wellensittich seiner Oma von einer Eiche. Mit dem zweiten zerfetzt er – durch dichtesten Fichtenschonungsbestand – auf 200

Meter den linken Hinterreifen seines Golf-Diesel, und mit dem dritten spaltet er gar auf 300 Meter den rechten Absatz von Agathes weißem Brautstöckelschuh, während sie gerade »Ganz in Weiß« vor sich hinträllert.

Agathe findet die Ballerei überhaupt nicht witzig und humpelt leise fluchend zum großen Kahlschlag. Denn dorthin hatte Max nicht nur sie und ihre reizende Verwandtschaft, sondern auch alle scharfsichtigen Beamten des Mi-

nisteriums für Jagen und Forsten geladen, um sämtlichen Zweiflern zu beweisen, daß bei ihm kein Schuß danebengeht – weder als Staatsdiener noch als Ehemann. Doch da hatte er die Rechnung ohne die Qualität italienischer Mafia-Geschosse gemacht. Er erwischt offenbar die berühmt-be-

rüchtigte Montagskugel, und die erwischt Kumpel Kaspar, um den es aber nicht besonders schade ist, weil er ja – wie anscheinend alle wissen – für die Mafia arbeitet. Man läßt schnell seinen Tirolerhut mit Einschußloch rumgehen, sammelt für einen Sarg aus norwegischer Fichte und beschließt, bei einem Bier darüber nachzudenken, ob fürs Staatsamt und den Ehestand außer Treffsicherheit wohl auch noch andere Eigenschaften wichtig sein könnten.